# AS MEMÓRIAS DO JOÃO CARLOS

"Minha fama se espalha!"

Ilustração de Pedro Castro

Décio Martins de Medeiros

Brasil – São Paulo – 2020

*"Eu sou eu e minha circunstância, e se não salvo a ela, não me salvo a mim".*

Famosa frase no introito da obra 'Meditaciones del Quijote' publicada em 1914 por José Ortega y Gasset

Informações bibliográficas:
Autor: Décio Martins de Medeiros.
Título: As memórias de João Carlos.
Subtítulo:
Local, Ano: São Paulo-Brasil, 2020.
Páginas: 77 páginas tamanho 6"x9".

## Sumário

## João Carlos e eu

O título deste capítulo está correto? Ou seria melhor: 'Eu e João Carlos'?

Bem, deixemos assim, pois como diz nosso amigo Carlos Ramon, ensinando uma regra de etiqueta da boa educação: - Os burros vão à frente da carroça, eheheh.

Como João Carlos e eu nos conhecemos?

Eu era criança e gostava de consertar coisas, tipo trocar o contato de carvão do motor da enceradeira da minha mãe.

Em uma dessas ocasiões eu estava com dificuldade para resolver o problema e ele apareceu para ajudar e resolveu. Então, com o sucesso ele se apresentou e comemorou: -"João Carlos, minha fama se espalha!".

Lembro-me que na ocasião, surpreso com aquela exclamação, perguntei: - Quem está falando?

Pensei, essa voz seria eu falando comigo?

Não, esta vozinha não era eu.

Para eu perceber uma voz falando, a voz e eu precisavam ser duas entidades separadas.

Mas se a voz não era eu, quem era ela?

A voz era do João Carlos. Quando a voz parava de falar, por alguns instantes, eu desfrutava do silêncio.

Eu era a única pessoa capaz de ouvi-lo. Será que o João Carlos habita minha mente?

Quem responde a esta pergunta é nosso amigo Zé, do grupo de meditação cristã:

- *"Sim, o João Carlos habita sua mente. Ele é parte do seu ser e alimenta os pensamentos e emoções de interesse próprio"*.

Para calar o João Carlos, Mo Gawdat, autor do livro A Fórmula da Felicidade, recomenda usar as técnicas de meditação e dirigir sua atenção para dentro, prestando bastante atenção no seu corpo, respiração, etc, ou então dirigir sua atenção para fora e usar as técnicas de entupir o cérebro  de coisas que ele só possa observar, isto é, sem julgar, por exemplo: *"Observe a luminosidade da sala, preste atenção no que está em cima da sua escrivaninha, sinta aquele aroma de café vindo da cozinha, observe a fibra da madeira da mesa, ou preste atenção no ruído distante dos carros na rua. Não deixe de observar nada. Note cada detalhe ao seu redor. Era isso que você costumava fazer quando era um recém-nascido. Apenas observe."*

O João Carlos pensa, tem habilidades, tem emoções, tem crenças, tem realizações, tem autoimagem.

O João Carlos é único, original e irrepetível.

Foi assim que conheci João Carlos, meu amigo inseparável, meu cúmplice, minha inspiração.

Eu não sou o João Carlos, eu sou apenas o observador.

***

Caro leitor ou leitora, você é a razão da existência deste livro.

Como autor deste livro vou contar a história de vida de meu grande amigo João Carlos, suas aventuras e situações pitorescas, seus causos, suas memórias e suas relações com familiares, amigos, colegas, e conhecidos.

Pretendo contar como eu, autor, vejo o João Carlos, como eu penso que outros veem João Carlos, mas só mesmo você, leitor ou leitora, é que saberá como vê o João Carlos.

O autor Machado de Assis em seu livro Memórias de Brás Cubas interage com o leitor ou leitora, vou fazer isso também, vou interagir com você. Participe! Leia, observe, pense.

Caro leitor ou leitora, vamos lá, me acompanhe...

Há muitos e muitos anos atrás, em 1952, a Jandira, prima do pai do João Carlos, torcia para que ele nascesse no dia do aniversário dela.

Foi quase!!! Na Maternidade Leonor Mendes de Barros, no bairro do Belenzinho, na capital de São Paulo, ele nasceu às 0h30, e como era horário de verão, então na verdade era 23h30 do dia anterior, o dia em que a Jandira nasceu.

E então leitor ou leitora, está pronto para conhecer as memórias da infância e adolescência do João Carlos?

## 1952 a 1970 Infância e adolescência na Moóca

Paulistano, filho primogênito de pais mineiros.

O pai, nascido em Passos, MG, tinha vindo para São Paulo aos 15 anos para estudar e trabalhar como protético dentário. A mãe, nascida em Guaranésia, morava em Passos desde os 13 anos, e lá se casou no ano de 1950 e foram morar de aluguel numa casa na Rua Santa Cruz no bairro da Vila Mariana em São Paulo.

Por volta de março de 1951 o dentista Tonico, seu avô paterno viúvo da sua avó Julieta, saiu de Passos com seus filhos solteiros e se mudaram para a casa de dos pais do João Carlos na Vila Mariana onde estiveram por 9 meses. Depois disso seu avô comprou um sobrado na Rua Olímpio Portugal 61, no bairro da Moóca, e foram morar lá, os pais do João Carlos, seu avô e tios.

Nasceu em 1952 na maternidade Leonor Mendes de Barros e foi registrado no cartório do bairro do Belenzinho e com 25 dias de vida foi batizado na igreja de São Judas Tadeu no bairro do Jabaquara, tendo como padrinhos de batismo: Tetinho e Terezinha. Quando da crisma, o padrinho foi o Pimentel.

Sua mãe contou que ele nasceu gordo e careca. Aos 68 anos de idade não tinha mudado nada, continuava do mesmo jeito que nasceu... gordo e careca!

Sua mãe também nos contou que quando bebê ele gostava de dormir ao som do piano tocado por sua tia. A música era um chôrinho sapéca intitulado Sururú na Cidade, de Zequinha Abreu.

Sua mãe contou que quando começou a engatinhar uma certa vez ela o flagrou enfiando um prego na tomada. João Carlos deve ter enfiado no neutro e por isso não morreu, graças a Deus. Tem que agradecer ao seu anjo da guarda!

Seu avô paterno, Tonico, faleceu em 1954 e foi enterrado no cemitério da Quarta Parada. Logo depois suas filhas se casaram e se mudaram. Sua irmã nasceu em 1954 na Maternidade Cruz Azul da avenida Lins de Vasconcelos, enquanto ainda moravam na rua Olímpio Portugal, na Moóca.

Em 1955 seu pai montou o Laboratório Central de Prótese na Rua Cristóvão Colombo 63, no centro da capital. No registro do contrato social em cartório em julho de 1956 constam mais dois sócios que posteriormente deixaram a sociedade.

Por volta do ano de 1956 seus pais, João Carlos e sua irmã, se mudaram para um sobrado alugado numa vila, travessa da Rua do Acre, no bairro da Vila Bertioga, no Alto da Moóca.

João Carlos, junto com uma amiga, procurava bilhetes de bonde caídos próximo aos trilhos da Rua do Acre e depois os trocava por dinheiro que juntava para comprar entradas de cinema para assistirmos o desenho Tom &Jerry.

Em janeiro de 1957 seus pais compraram um sobrado na Rua Ibitinga 185 na Vila Bertioga e para lá se mudaram. Logo depois veio morar com eles uma empregada chamada Norma, de uns 20 anos, que ajudou sua mãe a criar os filhos por uns 5 anos.

Seu irmão caçula nasceu em 1957 no Hospital Dom Pedro II na Avenida Alcântara Machado, quando já moravam na rua Ibitinga.

Não consigo esquecer que, neste período, sua mãe nos obrigava a tomar a Emulsão de Scott, um remédio de óleo de fígado de bacalhau combinado com cálcio e sódio. Um gosto horrível!!!

Na frente dos sobrados geminados havia um grande terreno onde aprendemos a andar de bicicleta. Neste campo a gente fazia guerra de mamonas e procurava cupim.

Catávamos bagulhos nas ruas para vender ao ferro velho e assim conseguir uma graninha.

No armazém próximo da casa do João Carlos a gente comprava óculos de papelão, com lentes de celofane vermelha ou azul, e vendia pelo dobro do preço.

De bicicleta, sem freios, João Carlos desceu uma rua bem inclinada e, ao final dela, em alta velocidade, passou por um cruzamento, escapando por um triz de um ônibus. Tem que agradecer seu anjo da guarda!

Na esquina da Rua Ibitinga tinha um bar onde aconteceram uns fatos marcantes. Um cliente disse ao dono do bar que este não seria capaz de fazer sorvete de bacalhau, e, se o fizesse, ele, cliente, o comeria. Pois o dono fez e o cliente comeu.

E você leitor ou leitora, seria capaz de comer um sorvete salgado??

Outro lance neste bar é que o dono tinha uma bola cheia de furos. Você pagava certo valor para ter o direito de enfiar um palito num destes furos e empurrar uma bolinha. Se a bolinha que saísse fosse branca então você não ganhava nada, mas se fosse dourada você ganhava um brinde. O avô materno de João Carlos, para agradá-lo, comprou o direito de enfiar o palito em todos os furos e assim conseguiram achar a bolinha dourada!

Falando deste avô materno, me lembro de que foi ele que convenceu o João Carlos a ser fã do Palmeiras. Ele era filho de italianos e, como tal, torcia pelo Palmeiras. O pai de João Carlos não ligava para futebol e só gostava quando a seleção brasileira jogava. Ele perguntou a seu pai sobre que time ele deveria torcer e seu pai disse que talvez devesse torcer para o São Paulo pois era a cidade onde o João Carlos nasceu. Seu avô materno fez então uma proposta irrecusável: se o João Carlos torcesse pelo Palmeiras ele lhe daria o uniforme e a bola. João Carlos aceitou na hora!

Por volta de 1959 o inventario de seu avô paterno terminou e o pai de João Carlos então adquiriu a parte dos irmãos no sobrado da rua Olímpio Portugal e, depois de reformado, para lá foram morar, creio que por volta de 1960.

Certa vez, seu tio que morava em Goiás estava passando uns dias na casa do João Carlos e montava uma vitrola na sala. Nós estávamos num quarto usando um brinquedo que acho se chamava 'cérebro eletrônico'. Tinha duas ponteiras, uma lâmpada, e uma cartela à esquerda com perguntas, e uma cartela à direita com respostas. Ao colocar uma ponteira numa pergunta e a outra ponteira na resposta certa, a lâmpada acendia. O brinquedo era de pilha e , quando a pilha acabou, eu pensei que, se colocasse as ponteiras na tomada a lâmpada ia acender. Fiz isso e deu o maior estouro. João Carlos não falou nada! Minhas mãos ficaram escuras, o fusível queimou e eu só ouvia o seu tio reclamando que tinha acabado a força…

Penso que foi seu tio que nos ensinou as regras do jogo de xadrez e, quando jogávamos, ele chamava o João Carlos de 'menino japonês'… Não sei por quê…

No quintal de sua casa nós gostávamos de fazer experiências com formigas. Com as pobrezinhas das formigas nós as colocávamos na fôrma de gelo no congelador da geladeira Frigidaire e depois que elas estavam congeladas nós as colocávamos ao sol, no chão do quintal, para ver o gelo derreter e as formiguinhas reviverem e saírem andando! As experiências com as formigas foram evoluindo até que descobrimos que , se pingasse uma gota de óleo mineral Singer na bunda delas então elas morriam sufocadas imediatamente e paravam imobilizadas do jeito que estavam.

Gostávamos de fazer raspadinhas de groselha e ficávamos muito tempo com a cabeça na frente do congelador da Frigidaire. Isto resultou em uma sinusite crônica que o acompanhou por muitos anos.

Gostávamos de frequentar a piscina do Centro Educacional da Moóca. Uma ocasião João Carlos quase se afogou. Nós tínhamos por volta de 7 anos de idade e , pelas regras do Centro Esportivo, era obrigado a entrar de dois em dois no vestiário para compartilhar o armário com um adulto. João Carlos entrou com um senhor que lhe disse: 'Olha, vamos deixar a chave do armário pendurada aqui no quadro e, quando você precisar sair, me chame na piscina de adultos que eu venho com você'. Lá foi ele para a piscina infantil e, depois de certo tempo, decidiu ir embora e então saiu da piscina e foi caminhando pela borda das piscinas e olhando para ver se encontrava o tal homem na piscina adulta. João Carlos se distraiu, e caiu na piscina adulta que devia ter uns dois metros de profundidade ou mais. A sorte é que ele não se apavorou. Quando chegou ao fundo, abriu os olhos e viu uma escada tremulando na sua frente, caminhou, subiu a escada e saiu são e salvo, gritando: "João Carlos, minha fama se espalha!. No íntimo sei que agradecia a Deus e a seu anjo da guarda!

Certo dia retornando do Centro Educacional da Moóca nós encontramos um filhote de gato. João Carlos o levou para casa, e lhe demos o nome de Cat (haja criatividade, eheheh), e cuidamos do bichinho que foi crescendo e se revelou ser um gato peludo branco da raça Angorá.

Também me lembro de ir algumas poucas vezes com João Carlos no Parque Shangai. Muito legal, mas passávamos muito mal do estômago no brinquedo chamado Mexicano, que era uma estrutura de cadeiras penduradas por correntes num teto que rodava em alta velocidade.

Dos colegas da Moóca nos lembramos do Edmilson, Egisto, Flavio, Paulinho, Luis Carlos, Tchecho e Ademir, Ary, Wagner. Brincávamos com bolinhas de gude, trocar figurinhas, jogar taco, mana mula (pular sela), malhar o judas, e tantas outras brincadeiras.

Certa vez os amigos da rua decidiram montar um carrinho de rolimãs com a base de madeira de um banco comprido. Fomos experimentar. Colocamos o carrinho no inicio da rua Olímpio Portugal, perto da Av. Paes de Barros. Sentamos uns cinco no carrinho e descemos a rua em alta velocidade. João Carlos era o ultimo e segurava um pedaço de madeira para ser usado como freio. No final da rua, perto da rua Orville Derby, a turma gritou para ele brecar, e imediatamente ele cravou a madeira entre a rolimã e o piso de asfalto, mas, devido a velocidade, a rolimã subiu na madeira e foi arrastando-a junto com seu dedo , vizinho do mindinho da mão direita, que ficou todo ralado e  ficou com uma cicatriz até hoje.

Na esquina da Rua Olímpio Portugal com a Avenida Paes de Barros tinha uma padaria onde a gente ia comprar pão em bengala ou em filão e levava o vasilhame de vidro para comprar leite.

Na Rua Olímpio Portugal tinha uma casa térrea muito grande e bonita, com muro de pedra, que pertencia aos Comolatti. Nesta rua tinha também a Fabrica de Roupas Patriarca e tinha um Conservatório Musical.

A casa em que João Carlos morava na rua Olímpio Portugal 61 era esquina da vila Maria Aparecida (atual rua Irene de Mello) onde a vizinha Serafina vivia reclamando que a gente deixava cair a bola no quintal dela.

1959 foi seu primeiro ano no Colégio São Judas Tadeu da Rua Clark no Alto da Moóca. No primeiro dia o João Carlos passou mal e os diretores do colégio, Sr. Mesquita e sua esposa Dona Alzira, foram pessoalmente leva-lo para casa. Sua mãe telefonou para seu pai que logo depois chegou lhe trazendo uma caneta tinteiro Parker 51 nas cores branca e verde. Neste ano de 1959 ainda moravam na Rua Ibitinga e por isso João Carlos ia de ônibus escolar ao colégio, mas em 1960, quando já morávamos na Rua Olímpio Portugal ele ia a pé ao colégio.

Fez todo o curso primário no Colégio São Judas Tadeu. Em 1959 a professora era a dona Inês. Em 1960 a professora era a dona Terezinha. Em 1961 a professora era a dona Francisca, mas tinha também a dona Uda, professora de Inglês e filha dos diretores do colégio. Em 1962 a professora era a dona Cecília.

Para se arrumar para ir ao colégio sua mãe passava caldo de limão no seu cabelo para fixar. Ficava durinho.

Em 1961 João Carlos fez a primeira comunhão na Igreja de São Rafael, com o Padre Valentim. As missas naquela época eram rezadas em latim! Nós não entendíamos nada!

Lembro-me da padaria Di Cunto e do teatro Arthur de Azevedo.

Lembro-me das festas juninas, principalmente a de Santo Antônio, que o pai de João Carlos fazia em homenagem ao seu avô paterno que se chamava Antônio. Tinha fogueira e balão galinha. O João Carlos estava muito quente por ficar perto da fogueira e então ele correu para o tanque de sua casa , abriu a torneira, e colocou a cabeça toda debaixo da água fria. Aquela noite sua mãe nem dormiu preocupada de ele ficar doente. Não teve nada e gritou: "João Carlos, minha fama se espalha". No íntimo dava graças a Deus. Haja anjo da guarda!

Lembro-me da brincadeira perigosa de chocar ônibus.

Gostávamos de ir à feira com a mãe do João Carlos. Lá a gente podia comer uma pizza de massa bem grossa. Uma delícia. Tinha também o quebra-queixo de caramelo com côco. O vendedor tinha um papel que se você furasse com um alfinete e acertasse o circulo que tinha no verso do papel então você ganhava outro quebra-queixo.

Lembro-me que uma vez assistimos, no campo da rua Javari, um jogo entre Juventus e Santos. O Pelé fez algo inacreditável. Saltou para cabecear uma bola, mas a bola estava mais alta do que esperava, então se contorceu como se apoiasse no ar e, subindo um pouco mais, conseguiu cabecear!

Lembro-me das gincanas muitas vezes vencida pela escuderia Pepe Legal.

Ao final de 1962 o João Carlos prestou exames de admissão no colégio MMDC onde passou em segundo lugar e no Colégio Estadual de São Paulo- o CESP, no Parque Dom Pedro, onde passou em um dos últimos lugares. Decidiu então cursar o CESP porque o desafio parecia ser maior. Para comemorar o sucesso gritou: - "João Carlos, minha fama se espalha!"

Para ir e voltar do CESP o João Carlos utilizava o ônibus 28-Vila Bertioga ou às vezes o 26-Parque da Mooca e 27-Oratório José Higino.

Além do CESP no Parque Dom Pedro e do MMDC na Rua Cuiabá havia o Colégio Firmino de Proença na Rua da Moóca onde sua irmã estudou.

Gostávamos de montar aviãozinho planador feito de madeira balsa, sem motor. Numa das vezes João Carlos colocou a madeira apoiada no joelho direito e passou a lâmina... que cortou a madeira e o seu joelho. Ele tem a cicatriz até hoje. Sobreviveu mais uma vez, deu seu grito de guerra: - "João Carlos, minha fama se espalha1" e agradeceu a Deus e a seu anjo da guarda!

Jogava futebol de salão na lateral esquerda. Apesar de ser destro para escrever, é canhoto para chutar.

Fez o curso ginasial no CESP no período da manhã. O primeiro ano em 1963. O segundo ano, que repetiu, em 1964 e 1965. O terceiro ano em 1966 e o quarto em 1967.

Por volta de 1965 me lembro de João Carlos participar dos Jogos da Primavera do Clube Atlético Ipiranga, jogando Xadrez pelo CESP, e de ter ajudado a fundar o time de futebol do CESP chamado CA0Z – Clube Atlético 0 Zero que tinha a cor grená na camisa, como o Juventus da Moóca.

Algumas férias o João Carlos passava com seus primos e tios que moravam no bairro do Imirim e outras férias passava com seus primos que moravam em São Sebastião do Paraíso, Minas Gerais e Pires do Rio, em Goiás. Me lembro que numa destas ferias João Carlos e seu primo, quase um ano mais velho que ele, estavam tratando de fazer funcionar uma bala de fuzil. Isso mesmo! Uma brincadeira idiota! Eles pensaram que batendo na base da bala, a espoleta estouraria e faria a bala soltar o chumbo. Então enterram a bala no chão e começaram a bater com um martelo e um prego na base da bala. Graças a Deus que não funcionou porque se tivesse funcionado o João Carlos e seu primo não estariam aqui! Teria explodido tudo! Desta vez o João Carlos não soltou seu grito de guerra, mas lembrou-se de agradecer, mais uma vez, seu anjo da guarda!

Na Rua Orville Derby, esquina da Rua Olímpio Portugal, moravam uns amigos que convidaram João Carlos para fazer parte da sua banda de musica. Ele começou a tentar tocar seu violão Giannini. A música era "A Boneca que diz não". Fracasso total. Não conseguiu tocar. Sua maior frustração até hoje é não conseguir tocar nenhum instrumento musical. A frustração também é da sua mãe que queria que ele se chamasse Jairo e tocasse violino. Mais uma vez, João Carlos não soltou seu grito de guerra.

Seu avô materno, o Bino, faleceu em 1968. Ele e a avó de João Carlos moravam com sua tia no bairro do Imirim, mas em seus últimos dias, já bem adoentado, ele estava na casa do João Carlos da Rua Olímpio Portugal. Ele dormia na cama do João Carlos quando faleceu. João Carlos ficou em casa com os irmãos e primos enquanto o levaram para o velório e enterro no cemitério da Quarta-Parada.

Lembro-me que na Rua da Moóca tinha o Cine Icaraí que depois virou Ouro Verde; o Cine Moderno onde assistimos o pai do João Carlos o filme "Felpudo – o cão feiticeiro"; e o Cine Imperial. Tinha na Rua do Oratório o Cine Patriarca onde assistíamos filmes de bang-bang.

O curso científico no CESP o João Carlos fez na parte da manhã o primeiro e o segundo ano em 1968 e 1969. Em 1970 passou a estudar à noite no CESP, para cursar o terceiro ano do curso Científico, enquanto pela manhã fazia no Anglo Latino da rua Tamandaré o curso preparatório para os vestibulares na MAPOFEI e ITA e à tarde fazia o curso de desenho no Anglo para preparar especificamente para o vestibular no ITA.

Lembro-me que o João Carlos escolheu o cursinho pré-vestibular Anglo Latino porque era bem conceituado e mais perto da Moóca. O cursinho pré-vestibular Universitário, concorrente do Anglo, tinha ido ao CESP e oferecido bolsas de estudo gratuitas a alguns alunos. Como o João Carlos não foi um dos contemplados então ele decidiu prestar exames no Universitário para conseguir bolsa integral e conseguiu!.

Mais um grito de guerra: -"João Carlos, minha fama se espalha".

Com o comprovante nas mãos ele foi ao Anglo e pediu a bolsa integral. Deram-lhe com a condição de ficar todos os meses na turma A, o que requeria estar entre os melhores colocados nas provas mensais do Anglo. O que conseguiu!

Mais um grito de guerra: -"João Carlos, minha fama se espalha".

Durante todo o ano de 1970 João Carlos ia para o Anglo e para o CESP no fusquinha de seu pai dando carona para seu amigo Carlos que morava na avenida Paes de Barros.

De seus colegas do CESP eu me lembro do Carlos, Chang, Ciro, Climaco, Dacio, "Espanhol" (Hipólito), Francisco Felix, Gilberto, Helena, Helio, Higasi, Jairo, Llagostera, Nakata, Osiris, Paulinho, Rafael, Reynol, Shigueo, Silvio, Suyama, Tsai, Yagyu, Zeca, Zé Luiz.

Dos seus professores do CESP eu me lembro da Desna de Geografia, Grisi de Ciências, Horacina de História, Odon de Inglês, Suzana de Matemática, Elza de Psicologia, Angélica de Química, Paixão de Física, Ardevan Machado de Desenho, Gois de Física, Ernestina e o maestro do coral. Não estou me lembrando do nome da professora de português que um dia pediu para a gente assistir ao filme "Um dia, um gato" e depois escrever uma redação com o tema "Uma nesga azul num céu cinzento".

Dos seus professores do Anglo eu me lembro do Carlos Marmo, Cid, Fontana, Gabriades, Haroldo, Hildebrando, Ivan José, Marcio, Nicolau Marmo, Oswaldo, Simão, Stavale, Zé Alberto.

No processo seletivo de 1970 João Carlos passou no ITA e também passou na USP. Optou pelo ITA porque conhecia a fama do ITA durante o cursinho pré-vestibular e porque ao visitar o campus, antes da matrícula, ele tomou consciência da maravilha que é ter, em um mesmo local, a integração de salas de aula, laboratórios, biblioteca, oficinas, refeitório, dormitório, posto medico, serviço militar, quadras esportivas.

Seis colegas do CESP também optaram pelo ITA: João, Jorge, Zé Luiz, Ricardo, Eduardo, Emilio.

Mais um grito de guerra: -"João Carlos, minha fama se espalha". E obrigado a Deus.

Em março de 1971 deixou a Moóca para ir morar em São José dos Campos no Centro Tecnológico da Aeronáutica, ano em que começou a fazer os dois anos de serviço militar no CPOR-Aer-SJ e os cinco anos de curso de engenharia de eletrônica no ITA.

*** 

E você leitor ou leitora, já foi à Moóca?

Não? Então vá!

Um belo passeio é conhecer o Museu da Imigração.

## 1969 Serviço militar: quatro surpresas!

Na época de alistamento para o serviço militar, o João Carlos teve quatro surpresas.

A primeira surpresa:

Era madrugada. Um grande silêncio, às vezes quebrado por um latido de cachorro ao longe. Ele ouvia o cachorro latir que parecia repetir a frase: "João, João, vai ver vovô!"

-Trrrriiiiimmmm, trrrrriiiiimmm, trrrrimmmm, plac.

Desligou o irritante despertador de corda que rompeu o agradável silêncio do amanhecer.

Seis horas da manhã. Acordou mais cedo que o costume pois tinha que  passar no quartel antes de ir para a aula no CESP.

Era o ano de 1969 e estava chegando ao fim o prazo para fazer o alistamento no serviço militar obrigatório.

O quartel do exército não era muito longe do CESP, Colégio Estadual de São Paulo, que fica na Rua da Figueira,500 no Parque Dom Pedro.


Pegou o ônibus 28-Bertioga, da Empresa de Ônibus Alto da Moóca, e foi pensando, durante o trajeto da Moóca até o terminal na Praça Clóvis Bevilacqua, que estava com todos os documentos necessários para o alistamento. Esperava que não lhe viessem com surpresas, que não pedissem nada mais.

Precisava passar rápido por todo o processo de alistamento porque naquele dia tinha prova de matemática logo na primeira aula e a dona Suzana, muito exigente, não tolerava atrasos. O Colégio Estadual de São Paulo, antigo Colégio Presidente Roosevelt, era muito conceituado exatamente pela postura de seus professores e pela qualidade do ensino. Não podia se atrasar...

Quando o ônibus chegou ao terminal da praça Clóvis Bevilacqua, saltou e desceu a rua Tabatinguera caminhando com passo acelerado até o quartel.

O que era aquilo? Uma fila enorme na frente do quartel! Ih, achava que não ia dar tempo... Mas, pera lá, porque o sargento estava tirando tanta gente da fila? Só faltava ele estar pedindo algum documento não previsto... Ficou atento... O sargento vinha chegando... Já tinha tirado a maioria das pessoas da fila, só tinha umas quatro agora. Ele vinha chegando... O que será que ele estava falando... Ele se aproximou e João Carlos conseguiu ouvir ele perguntando, de forma rápida e sem dar chance de reação, às pessoas à sua frente: "Trouxe o polegar? Trouxe o polegar?" Mais duas pessoas saíram da fila, sem entender direito o que o sargento falava.

Ainda bem que ficou atento. Respondeu sim, ficou na fila, fez o alistamento, e foi para a aula da dona Suzana.

Ufa, por esta surpresa ele não esperava!


A segunda surpresa:

Feito o alistamento começou a se preocupar com a prestação do serviço militar. Como ele queria fazer faculdade de engenharia ele pensava que o melhor era conseguir a dispensa do serviço militar para poder se dedicar aos estudos.

Conversei com seu pai sobre isso e ele disse que um tio dêle conhecia um coronel do exército...

Lá foram os três visitar o coronel em sua casa.

Depois de muita conversa, saíram de lá , dois convencidos e um frustrado. Seu pai e o tio dêle foram convencidos pelo coronel que era um grande negócio a prestação do serviço militar. Era uma oportunidade única de desenvolvimento do jovem.


Tudo bem, João Carlos até concordava com isso mas saiu frustrado pois o objetivo da visita era conseguir a dispensa e foi surpreendido com um resultado ao contrário!

Bem, se não foi possível ser dispensado então uma alternativa era se alistar no CPOR do exército na Rua Alfredo Pujol, pois com isso ele poderia fazer as duas coisas ao mesmo tempo, a faculdade de engenharia e o serviço militar.

A terceira surpresa:

Se inscreveu no exame de seleção do CPOR do exército. Durante o processo de seleção tinha que escolher a especialidade em que ele queria servir. Colocou como primeira opção intendência, como segunda opção engenharia e como terceira opção cavalaria. Fez os exames de matemática, português, e psicotécnico. Passou em segundo lugar nos exames de matemática e de português! O exame psicotécnico não tinha seu resultado divulgado. Sua expectativa era que seria chamado para prestar o serviço na opção intendência ou na opção engenharia, pois mesmo que houvesse uma vaga apenas em cada opção, ele pegaria uma delas por ter passado em segundo lugar nos exames de matemática e português.

Que nada! Quando foi perguntar qual opção ele tinha conseguido o tenente lhe informou que era cavalaria!!! Reclamou, é claro, mas o tenente disse com um sorriso nos lábios que sim, ele tinha passado em segundo lugar nos exames de matemática e de português, mas que o exame psicotécnico tinha revelado que ele tinha mais talento para cuidar de cavalos!!! Que surpresa!!!

Se conformou ao fato de que iria prestar o serviço na cavalaria do CPOR do exército da Rua Alfredo Pujol e foii informado de que teria uma despesa extra pois teria que comprar a farda. Bom, pelo menos era melhor servir o CPOR em São Paulo e com isso poder fazer simultaneamente a faculdade de engenharia.

Quando João Carlos soube que tinha entrado no ITA em São José dos Campos então foi ao CPOR do Exército em São Paulo pedir transferência para o CPOR da Aeronáutica em São José dos Campos. Pegou o papel da transferência e nem abriu...

A quarta surpresa:

Ao chegar no CPOR em São José dos Campos ele entregou o papel da transferência e, para sua surpresa, o sargento leu e disse que ele poderia ir embora. Não entendeu nada! Como assim ir embora? O sargento respondeu que ele tinha sido dispensado! E ele que pensava que o papel era de transferência. O tenente no CPOR em São Paulo tinha dado a dispensa!!!! Bem, então decidiu ir embora , feliz da vida! Mas... antes que ele saísse o sargento disse: - *"você pode ir embora ou pode prestar o serviço militar aqui por dois anos"*.

João Carlos pensou: Dois anos, vou embora… Mas… o sargento disse: - *"Você ganhará a farda, um salário mensal , terá aulas duas tardes por semana e pode desistir quando quiser"*.

A proposta era tentadora, aceitou pensando que talvez fizesse apenas um ano. Ao final fez os dois anos de serviço militar no CPOR-AER-SJ.

## 1971 a 1975: Instituto Tecnológico de Aeronáutica

Nossa **admissão** no ITA foi por concurso. João Carlos passou raspando, pois a nota mínima para ser admitido era 40! . As notas foram Desenho: 40, Português: 43, Química: 66, Física:73, Matemática: 85.

Nosso **período** como aluno do Instituto Tecnológico de Aeronáutica foi de 01 de março de 1971 à 13 de dezembro de 1975.

O período como aluno-aprendiz do ITA foi reconhecido pelo INSS como **Tempo de Serviço para Aposentadoria**. A contabilização de horas liquidas efetivamente dedicadas pelo aluno, conforme Certidão do ITA, chega ao total líquido de 9200 horas , isto é, 4 anos 8 meses e 18 dias. O aluno civil , como aluno-aprendiz do ITA, recebia por conta da União, um auxilio-financeiro e bolsa de estudos que compreendia ensino, alimentação, moradia e assistência médica ambulatorial e hospitalar.
Embora o período de aluno seja contado a partir da segunda-feira dia 1º de março de 1971, os calouros se apresentaram na quinta-feira anterior, dia 25 de fevereiro.

Os calouros fizeram as atividades pertinentes estipuladas pelo ITA e pela **Comissão de Trote** na quinta e sexta. A Comissão de Trote promovia sessões noturnas no prédio **E14**, quando haviam discussões e contatos com a comissão. Nestes dois dias de atividades os calouros se conheceram uns aos outros e aos veteranos mais envolvidos com o trote. Estes veteranos, em geral do segundo e terceiro anos, eram chamados de chacal. Os veteranos viviam pronunciando a máxima que nos acompanharia mesmo depois de formados: **"Bicho sempre bicho, chacal sempre chacal"**. Os chacais batizavam cada calouro atribuindo apelidos e, só para confundir nossas cabeças diziam que este apelido era nosso nome de bicho e que nosso nome real era nosso apelido. Cada calouro carregava no pescoço uma placa com seu nome de bicho e seu apelido (o nome real).

Fomos liberados no fim de semana, 27 e 28 de fevereiro, e João Carlos e eu voltamos para a casa de nossos pais em São Paulo. No domingo à noite estávamos de volta, pois não queríamos perder a aula inaugural na segunda-feira dia 1º de março, com Dom Paulo Evaristo Arns. Após a **aula inaugural**, ficamos sujeitos à 40 dias de trote obrigatório, no qual nenhum bicho podia sair de São José dos Campos.

O **trote** era uma tradição desde a criação do ITA, mas não podia aplicar constrangimento físico nem moral, e por isso, ao contrário de outras escolas, não se raspava o cabelo dos calouros, apenas os que frequentavam o CPOR tinham as laterais do cabelo cortadas como recruta. Durante o trote os veteranos chacais obrigavam os calouros a longas caminhadas, sempre cantando o hino intitulado **"Cova dela"** no ritmo da conhecida canção "Se essa rua fosse minha". A cantoria do bicharal era assim: *"Eu tornei a pisar na cova dela, e uma voz lá dentro arrespondeu, arrespondeu: -Arretira, arretira o pé de riba. -Não maltrate um amor que já foi teu!"*. Outra musiquinha ensinada aos calouros pelos veteranos, e em "homenagem" à cidade onde iríamos viver pelos próximos 5 anos era: *"Quem nasce em São José, cidade pequenina, porém absoluta, tem futuro garantido, se é homem, tá f**ido, se é mulher, é p**ta!"*

Logo aprendemos dos veteranos que, no ITA, uma das regras mais importantes era a atitude de não colar nas provas, sem qualquer fiscalização. A famosa **Disciplina Consciente**: os alunos morando nos alojamentos, chamados de **H8**, estudavam e faziam suas provas, sem consulta a livros, sem colar de colegas, e sem fiscalização. Os próprios alunos cuidavam dos seus comportamentos. A Disciplina Consciente se baseia na confiança mútua professor-aluno e aluno-aluno, produzindo profissionais mais capazes e confiantes em si próprios e, principalmente, com caráter ético de cidadãos brasileiros. Em casos graves, o assunto era encaminhado ao **DOO** – Departamento de Ordem e Orientação, que investigava e aconselhava, e, em último caso, solicitava o desligamento do aluno infrator. O DOO é um dos departamentos do **CASD**, Centro

Acadêmico Santos Dumont, gerido pelos próprios alunos. O ITA dá plena autonomia ao DOO.

O Centro Acadêmico Santos Dumont é o órgão que congrega os alunos do ITA e desenvolve atividades culturais, sociais, desportivas , e outras, de interesse dos alunos. Seus dirigentes são escolhidos entre os alunos.

Por um ano fui gerente da **Livraria do CASD**. Minha contribuição foi pegar uma livraria quase vazia de livros e com muitos alunos devendo para ela e, depois de ajudar cada devedor a negociar estas dividas com o Gonzalez, gerente do Fundo de Empréstimos Santos Dumont, e adquirir novos livros, muitos em consignação da Editora da USP, pude entregar ao Santos, o novo gerente, uma livraria com muitos livros atuais.

A **lista dos alunos**, meus colegas, constante no Jornal do Bicho 71 apresenta o nome real do calouro, salientando, em maiúsculas, o nome de guerra, seguido do nome de bicho, conforme batizado pelos veteranos chacais. Segue a relação dos nomes de guerra e nomes de bicho:

Abé-Iôlô; Afonso-Linn; Aibe-EME; Alberto-Cabeção; Alcindo-KM49; Alfinito-Infinete; Alvaro Gomes-Barateia; Antonio Akira-Shaina; Batista-Amtea; Benetti-Capoulade;Bentim-Capitu; Bessa-Memucho; Bosignoli-Pentavalente; Bove-Piranha; Bressan-Popoca; Bruno-Principe Nico; Caiado-Ava; Cartaxo-Necronomicom; Carvalho-Esqueci; Castanho-C M C; Cavalcanti-Cerne Sêca; Clímaco-Liz Young; Coleto-Xô; Corato-Des; Correia Lima-Mandacaru; Corsetti-Embratel; Decio Medeiros-Não quis; Elias-Grangote; Ely-Coptero; Emiliano- Suino; Emilio-Presado; Emir-Agem; Figueiredo-Pé de China; Fuchs-Korcel; Gambogi-Violentado; Gilberto-Vinicil ; Goes-Borrachudo; Gomes-Ebebes; Gonzalez-Severuta; Graça-Dodge; Graminho-MOF; Gualberto-Parmezon; Guerra-Fria; Henrique-Matão; Higino-Adenudo; Hokama-Sutra; Ikebe-Ésta; João Pedro-De Deus; João Ventura-Obinson Rusoé; Jorge Ho-Holinha; Kajiki-Bonzo; Kajita-

Oranguinho; Kanno-Sa; Kanzi-Opus 6; Khaled-Maniuc; Kurosu-Maskate; Lalli-Tanajura; Lavelha-Lanova; Leal-Dade; Leão-Ostia; Lima Verde-Reco Dose Dupla; Lima-Pinduca; Limoeiro-Coronel; Llagostera-Rodolfo Augusto; Loreno-Lulu Térmico; Lugon-Xuxu; Magalhães-Tumucumaque; Mairton-Tutaméia; Marcelo-Cocoboy; Mario Sato-Doçura; Mario-Sig; Mariuzzo-Geniloco; Matsuo-Padre; Mauro-Narcizones; Medeiros-Pudim; Morais-Rôsca Fina; Moysés-Obtuso; Nascimbem-Ipê Lôco; Otaka-Boi; Pantoja-Pequeno Polegar ; Paulo César-Plat Plus ; Penteado-Fialhão; Perez-Rafael Borges; Pesce-Peixinho; Pimentel-Babaovo; Pinheiro-Cuscus; Prado-Alo; Rauh-Nove Mil; Reinaga-Conhito; Reis França-Côco Sêco; Rezende-Hepta Louca; Ricardo Pinto-CEM; Rossi-Surucucu; Salazar-Teobaldo; Santos-Curvas de; Saulo-Dino; Schereyer-Weisselina; Sérgio França-Anônimo; Severino-Lampião; Shibata-Bat Qua; Solon-Pi; Spani-Ador; Stickel-Tarzan; Suzuki-Enofvblu; Takara-A vida; Tatenori-Ceará; Toutain-Macute; Trevisan-Phrilips; Ventura-Pateta; Viriato-Tepordê; Vitta-Minado; Vizaco-Geio; Waldemir-Jaú; Willem-Vanusa; Woiski-Meteoro; Yagyu-Expo Cta Ita; Yamamoto-Kamikase; Yoneyama-Madeira.

Em 1971 moramos no **apartamento 213** do H8 com mais cinco colegas que estudaram conosco no CESP – Colégio Estadual de São Paulo: Ricardo, José Luiz, Jorge, Emilio, Eduardo . Outro colega do CESP, o Clímaco, foi morar em outro apartamento pois o máximo por apartamento era 6 alunos.

De 1972 a 1975 moramos no **apartamento 106** do H8 com os colegas: Corato, Guerra, Gonzalez, Mauro, Santos.

Nossos colegas contaram, no Album do Chacal , em 1972, a história de estadia do João Carlos no alojamento H8:

"*BLAUMMMM! Clep, clep, clep (passos), ôô Santos?! Qual é mesmo a densidade do vácuo? Ah, já sei. Tá legal. Clep, clep, clep, BLAMMM. É o nosso amigo entrando no quarto Guerra-Sydney para tirar uma dúvida crucial remanescente do curso de Física-2001, sem a qual não consegue continuar o seu estudo interrompido no fim de semana, em casa. Mas isto não atrapalha o gagá dos seus colegas, pois estes começaram a estudar há pouco; também não se repete muitas vezes. Numa véspera de prova de Física foram contadas "apenas" 17 entradas (e 17 saídas) portanto 34 BLAUMMM's).*

*O nosso personagem é muito sociável. Quando aqui chegou reuniu-se aos colegas de colégio. Atualmente vive separado deles por dois quarteirões, o que é facilmente explicável pelo dito popular "Longe dos olhos, perto do coração". Quando chegou o bicharal, conseguiu a "simpatia" de todos (a janela dos fundos que o diga). Atualmente vive entrincheirado no seu quarto onde dois armários e uma parede o privam dos demais.*

*Nas aulas, juntamente com seus amigos Corato e Mauro, forma o trio CRICRIBOYS, que consegue encher o mais pacato dos iteanos. Uma das vítimas é um nosso desconhecido, humilde e mocado oriental com o qual não mais cultiva relações de amizade.*

*Entre suas atividades sociais, consta que é um grande paquerador. Já foi ao Burgo 3 vezes e duas delas para comprar salame e perfume. Na outra, deu uma volta pela cidade. É um grande cinemaníaco: todo fim de semana vai a SP e é inevitável sua ida ao cinema com sua namorada (a 2.a). A primeira, de sua "terra prometida" (GOIÂNIA) ele a viu 3 vezes. Eram visitas semestrais. Cada dia que lá chegava, ela estava mais crescida e com um novo primo. Talvez por modéstia, fazia questão de que seus colegas, lessem as cartas de sua goianinha,, que chegaram a casa das setenta.*

*No ITA, é um dos poucos que não se interessa por notas (baixas é claro). Quando tirou uma nota menos DDDigna em Física ficou muito abatido e estudou somente aquela matéria por uma semana sem interrupção. Diga-se, de passagem, que a média da turma não foi das melhores.*

*Diz ele também ser um dos ídolos dos mestres. Também pudera, ele é o "melhor" aluno, está na "melhor' turma, e tem os "melhores" mestres. Em suma, é um sortudo*

*Como íamos dizendo... Plec, Plec, Plec,... BLAAMMM!!!"*

***

Simultaneamente ao curso do ITA fomos alunos do **Centro de Preparação de Oficiais da Reserva da Aeronáutica** de São José dos Campos no período de 08 de março de 1971 a 19 de novembro de 1972, contando 64 dias como tempo de efetivo serviço, convertidos em 2 meses e 4 dias.

As aulas do ITA eram realizadas no prédio **E1**.
As matérias estudadas no **Curso Fundamental em 1971** foram:
PBI-01-Pesquisa Bibliográfica-Lourdes Mesquita de Siqueira
MAT-A-10-Matemática I-Leo Huet Amaral & Francisco Antônio Lacaz Netto
MAT-B-10-Matemática II-Valter Winkel & Luiz Carlos Rossato
MDE-10-Desenho Técnico-Karlheinz Blutaumüller
LPD-01-Linguagem Básica de Computação-Tamio Shimizu
ING-35-Inglês Intermediário II-Antonio Marussig & Rubens Chiampi &  Diracyr Barra Murta
FIS-12-Física I-Mituo Uehara & Fernando de Mello Gomide
MOF-10-Oficina I-Ademo Hoff
QUI-17-Química I-Marco Antônio Guglielmo Cecchini
FIS-24-Física II-Augusto Agostinho Neto & Fernando de Melo Gomide
MAT-B-20-Matemática IV-Leo Huet Amaral
MAT-A-20-Matemática III-Carlos Alberto de Buarque

Borges & João Roberto Barbosa
CIE-20-Metodologia da Ciência-Leônidas Helmuth Baebler
Hegenberg
MOF-20-Oficina II-Ademo Hoff
As matérias estudadas no **Curso Fundamental em 1972** foram:
MAT-A-30-Matemática V-Rubens Monteiro Lamparelli
MAT-B-30-Matemática VI-Valter Winkel
RHT-10-Relações Humanas no Trabalho-Benatti
MEC-52 -Mecânica Geral-Octávio Manhães de Andrade Júnior
QUI-27-Química II-Marco Antônio Guglielmo Cecchini & Wolfgang
Ferdinand Walter
FIS-32-Física III-José Victor Arfinengo
MAT-B-40-Matematica VIII-Toshio Hattori
LPD-11-Programação e Métodos Matemáticos para Computadores-
Ércio Florentino
FIS-43-Física IV-Major Gredilha
MAT-A-40-Matemática VII-Valter Winkel
TER-14-Termodinâmica Teórica-Isaias de Carvalho Macedo
& Marcos Aurélio Ortega
MSO-10-Resistência dos Materiais-Octávio Manhães de Andrade
Júnior
MOF-30-Oficina III-Ademo Hoff
As matérias estudadas no **Curso Profissional em Engenharia
Eletronica em 1973** foram:
ELE-07-Teoria Eletromagnética-Aroldo Borges Diniz
ELE-02-Circuitos Elétricos I-Avelino Marcante
MAT-50-Matemática Especial-Rodolpho Vilhena de Moraes
PRB-10-Probabilidade e Processos Estocásticos-Alberto Ricardo von
Ellenrieder
ELE-19-Dispositivos Eletrônicos-Irany de Andrade Azevedo
ELE-21-Circuitos de Eletronica Aplicada I-Darcy Domingues Novo
ELE-06-Circuitos Elétricos II-Avelino Marcante
ELE-11-Ondas Eletromagnéticas-Márcio Lourival Xavier dos Santos
ELE-44-Analise de Sistemas-Jotalhão
ELE-46-Dispositivos Eletromagnéticos- Antônio Salles Campos
Filho

As matérias estudadas no **Curso Profissional em Engenharia Eletronica em 1974** foram:

ELE-13-Princípios de Microondas-Fernando Walter & Márcio Lourival Xavier dos Santos

ELE-23-Eletrônica Aplicada II-Keiti Fujita

ELE-29-Eletrônica Aplicada III-Luiz Otávio Fontenelle Gonçalves

ELE-47-Dispositivos Eletromagnéticos II-Gabriel Louiz Zouain Assbu

ELE-49-Sistemas de Controle I-Sérgio Luiz Bragatto & Cláudio Scheid

ELE-15-Teoria de Radiação e Propagação em Meios Naturais-José Luiz Rodolpho Muzzio

ELE-30-Eletrônica Aplicada IV-José Carlos (Lobão)

ELE-31-Princípios de Telecomunicações-Jair Candido de Melo & Nelson Delfino d'Ávila Mascarenhas

ELE-51-Sistemas de Controle II-Wladimir Borgest & Claudio Scheid

ELE-80-Engenharia de Propagação-<u>Armel Armand Elie Picquenard</u> & Fernando Walter

As matérias estudadas no **Curso Profissional em Engenharia Eletronica em 1975** foram:

EPB-10-Estudo de Problemas Brasileiros

ECO-22-Economia e Finanças I-Arnoldo Souza Cabral

ORG-25-Organização Industrial II-Roberto Verdussen

ELE-77-Circuitos e Sistemas Lógicos-Alfred Volkmer

ELE-81-Sistemas de TV

ELE-85-Engenharia de Sistemas de Telecomunicações-Jair Cândido de Melo

EPB-20-Estudo de Problemas Brasileiros

DIR-10-Noções Gerais de Direito-Obemor Pinto Damasceno

ELE-78-Circuitos Combinacionais e Sequenciais-Alfred Volkmer

ELE-83-Auxílios a Radio Navegação-Aroldo Borges Diniz

ORG-11-Organização Industrial I-Roberto Verdussen

ELE-86-Comutação Telefônica-Adalton Pereira de Toledo

TG-Trabalho de Graduação-Keiti Fujita

Os colegas Corato, Lavelha e o Loreno ajudaram a completar a lista acima, com os nomes dos professores de cada curso.

O **Reitor** era o Prof. Lacaz, que dizia: *"Se o aluno não aprendeu, é porque o professor não ensinou"*.

Na **Divisão de Alunos** nos lembramos do Aluízio Margarido Pires, da Ana Aurea, do Benedito, da Eunice e da Helena. Na **Biblioteca** nos lembramos da Dona Lourdes. No **Almoxarifado** nos lembramos do Kury, sempre fumando seu cachimbo e falando em seu aparelho de radioamador.

Muitas são as **estórias que João Carlos vivenciou**:

*Almoço no H13: bandejão, muitas vezes serviam feijão com quiabo (argh!). Havia o boato de que colocavam salitre na comida. Lembro-me de levarmos sempre molho de pimenta para dar sabor à comida. Lembro também que alguns colegas furavam os copos de plástico com palitos, para que não fossem reutilizados...

*Restaurante de rodizio na Dutra: Excelentes carnes servidas com vinho. A irresponsabilidade era voltar dirigindo depois de ter bebido!

*O trote: Os chacais proibiam os bichos de andar na hipotenusa, podíamos andar apenas nos catetos das praças. Nos faziam subir nas mesas e ouvíamos os chacais falarem "dispenca" e nos jogávamos da mesa. –"Bichos burros!" Os chacais ficavam gritando: "Diz, penca!". Bastava dizer "penca" e descer da mesa. Havia também o trote de vendar o bicho, pedir para subir numa tabua, e com um veterano de cada lado segurando e balançando a tabua, e outro passando lentamente a mão no bicho da cabeça aos pés, o bicho ficava com a sensação de que estava subindo, e quando a mão chegava aos pés, os três veteranos gritavam: "pule ou nós te empurramos". O bicho se jogava, mas ele estava a apenas a 1 cm do chão. Creio que uma das noites os bichos foram acordados com um foguetório , parecia guerra, saíram todos dos quartos e , quando voltaram, seus colchões tinha sumido, e estavam todos em um só quarto. Famosa era a velva, o adstringente "acqua velva" que normalmente era usado depois de se barbear, mas os veteranos gostavam de virar o bicho de cabeça para baixo e despejar velva no fiofó. João Carlos não levou velva dos chacais em 1971 nem dos bichos em 1972 mas acabou levando velva dos colegas de apto em 1973 depois de os desafiar. Havia também a guerra simulada entre bichos ocidentais e bichos orientais, e, durante a guerra, sequestravam um bicho, pintavam sua bunda com tinta vermelha, e faziam bundogramas nas paredes. João Carlos inventou um trote: "raspava" as sobrancelhas do bicho com um barbeador elétrico sem laminas, mandava ele passar as mãos para sentir que as sobrancelhas tinham sido raspadas, ele ficava desesperado, gritava que ia denunciar ao DOO, então João Carlos pedia para ele se olhar no espelho, e ao ver que nada havia sido raspado, ficava aliviado.

O Corato escreveu o artigo "Por definição, trote é isso:", originalmente publicado no Jornal do Bicho-71 e, posteriormente no blog Prazer Compartilhar.

O Loreno escreveu o artigo "Muito vivo, bicho, muito vivo", originalmente publicado à página 58 do livro Historias para Contar, Amigos para Encontrar, editado em 2012, e, posteriormente no blog Prazer Compartilhar.

*Segunda época compulsória: a história é longa, mas, em resumo, foi um professor de aulas de laboratório de Eletrônica Aplicada que, depois de prometer à turma dar um prova de múltipla escolha, resolveu aplicar uma extensa prova descritiva. A turma se rebelou, abandonou a sala, e não fez a prova. O professor colocou a todos em segunda época compulsória.

*CPOR: Assistíamos aulas em sala, duas vezes por semana, e algumas vezes fazíamos ginastica, e provas de tiro, e foram programadas duas marchas, uma de 8 Km e outra de 20 Km. Na marcha de 8 Km fomos todos, vestidos de uniforme, carregando mochilas, e chegamos exaustos, e então, pedimos para voltar de caminhão. Na marcha de 20 Km, não fomos.

*Hepatite: João Carlos ficou de cama, na casa de seus pais, em janeiro e fevereiro de 1972, devido a uma hepatite A que pegou não sei onde, ou foi devido à pequena cirurgia que fez no Hospital da Aeronáutica ou foi devido à uma salada que comemos num restaurante de sardinha-pão e vinho, que era moda na época.

O trabalho de graduação do João Carlos foi sobre Fontes Chaveadas, conforme orientação do professor Keiti Fujita no ITA e do engenheiro de eletrônica formado pelo ITA, Paulo Cesar Covett, na Philco onde fomos estagiários durante o ano de 1975 no departamento de Engenharia Avançada.

A **graduação** como Engenheiro de Eletrônica foi em 13 de dezembro de 1975. E então ele lançou seu grito de guerra: -"João Carlos, minha fama se espalha!"

*Descerramento da placa: Em 30 de julho de 2011 ocorreu o descerramento da placa da Turma 75 no corredor do E2 do ITA. João Carlos e eu não pudemos comparecer mas fui citado pelo Berquó e pelo Salazar. Eles se referiam a uma troca de e-mails entre Berquó e eu.

Em 19/05/2011 o Berquó escreveu:

*"A placa é importante, sim senhores*

*Será o único vestígio esculpido, estampado publicamente, que resultará desse grupo de engenheiros que constituiu a Turma 75 do ITA. Nós, seres humanos, apreciamos isso. Os meus, teus, seus, nossos, vossos netos, bisnetos e, quiçá, tataranetos, vão ter a oportunidade orgulhosa de dizer: "Aquele ali é meu avô (bisavô, tataravô)", e aí vem a estória que cada um irá contar, em geral aumentada, sobre esses personagens de sangue, na consciência deles, famosos. "*

Em e-mail de 20/05/2011 eu respondi ao Berquó: "O interessante do seu comentário é que me fez lembrar um episódio de minha atividade de pesquisador da genealogia de meus antepassados. Um dia, como você diz em sua mensagem, deixaremos de ser pesquisadores para ser pesquisados.

O episódio ocorreu há uns 5 anos atrás, quando fui à cidade de Águas de Santa Barbara (antiga Santa Barbara do Rio Pardo) em busca de informações sobre meu bisavô Antonio Martins de Medeiros que, segundo descobri, lendo alguns livros, tinha sido o primeiro "prefeito" daquela cidade, no período de Janeiro de 1896 a 21 de Setembro de 1897.

Infelizmente , durante a visita àquela cidade, não encontrei nem fotos, nem relatos... Ninguém tinha estas informações sobre o primeiro prefeito da sua cidade. Nem mesmo a prefeitura da cidade soube me informar nada.Foi então que, visitando a Casa da Cultura de Águas de Santa Barbara, vi numa parede a lista dos prefeitos da cidade e lá estava, como primeiro da lista, o nome de Antonio Martins de Medeiros.

Ao deixar a Casa da Cultura assinei o livro de presença e ao lado de minha assinatura escrevi, com muito orgulho : bisneto do primeiro prefeito da cidade.

Quem sabe algum dia, nossos descendentes, vendo a Placa da Turma 75 também sintam orgulho de nós. Este orgulho não deve ser, obviamente, pela superficialidade de ter um nome inscrito em uma placa mas sim pelo que se deixa de herança como boas obras. Por trás de cada nome existe uma história de vida e de contribuição deixada neste mundo."

## 1972: O encontro no trem

Em 1972 viajávamos para Goiânia, com os amigos Carlos, Zé Luís, Valter, para visitar a primeira namorada do João Carlos e foi no trem de ida que ele encontrou a pessoa que viria a ser sua segunda namorada e atual esposa.

Veja como sua esposa descreve sua lembrança do encontro:

*"O trem parte de São Paulo. Os vagões já estão quase lotados, no rosto das pessoas, a ansiedade estampada. A viagem causava, em todos, uma grande ansiedade.*

*O jovem, olhar distante, segura, nas mãos, um livro. Espera paciente, que as pessoas se acomodem, para então começar a ler.*

*Faria uma grande viagem, Goiânia, onde morava sua amada. O namoro não era longo, porém intenso. Trocavam cartas com juras e promessas de amor. Devido à distância, eram raros os encontros. Desta vez, o relacionamento ia se tornar sério, conheceria os pais da garota, colocando em seu dedo, a pequena jóia que lhe queimava no bolso.*

*Na confusão das pessoas se ajeitando, o olhar do rapaz se fixa em uma moça, que conversava alegremente com sua tia. Ele se sentiu fortemente atraído por aquele olhar. Com ela, sonhou toda sua vida. O rapaz não se lembrava, ao menos, do que fazia naquele trem.*

*O tempo passa, após muita conversa, chegaram à cidade de Ribeirão Preto, onde a moça desembarca. Antes, porém, há a troca de endereços e a promessa no olhar."*

Veja como nosso amigo Carlos, que estava no trem, descreve suas lembranças:

*"Rua Mauá, janeiro de 1972. Calçada junto às entradas da estação da Luz. Aquele clima, atmosfera típica de encontros, desencontros e despedidas. Tensões, medos, alegrias, preocupações para uns e outros. Viagens, viagens: pontos de inflexão nas trajetórias de vida.*

*Quatro jovens de dezenove, vinte anos, marcaram o encontro para a viagem à Goiânia com duração prevista de trinta horas, nada mais nada menos. Saída ás 6:00h, chegada ao meio dia do dia seguinte.*

*Os personagens vão se apresentando: João Carlos, como sempre pontual, preparado — já se pode ver nele características de futuro executivo — tudo de acordo com o previsto com uma exceção: o Zé Luís está atrasado; Valter, também conhecido por Valtinho, irreverente, com aquele ar malevolente de santista que não dá o braço a torcer diante da agitação de São Paulo; eu, mooquense como o João Carlos, com quem havia desenvolvido amizade durante o curso científico. Cabelos e barba compridos, indo para o segundo ano de engenharia.*

*Tempos perigosos para universitários barbudos, tempos de repressão pesada. Apesar disso acho que transmitia um ar zen. Estava realmente calmo, mas um tanto quanto apreensivo, construindo na cabeça a extensa viagem de férias: ir a Salvador via Goiânia, com pouco dinheiro no bolso. Zé Luís, o quarto elemento, também era colega nosso do científico. Alto, magro, moreno, óculos de aros pretos: era o próprio pai do Pimentinha. Perspicaz, respostas rápidas, alegre e extrovertido.*

*Cada um com sua pequena bagagem e uniforme padrão: camiseta e calça Lee. Bom, pra dizer a verdade, algo me diz que o João Carlos usava camisa de abotoar.*

*E o Zé Luís não chega!*

*Resolvemos entrar na estação, procurar o caminho até a plataforma de embarque.*

*E o Zé Luís não chega!!*

*Posicionados, bagagem pouca, dinheiro curto, pessoas chegam apressadas, que será que aconteceu?*

*E o Zé Luís não chega!!!*

*Estamos os três, sós, despedidas e abraços por ali vão acabando, o embarque está se encerrando.*

*E o Zé Luís não chega!!!!*

*E agora, vamos perder o trem? Reprogramar tudo? Vamos partir sem ele? Não há mais tempo…*

*E o Zé Luís chegou! Ufa! Aos quarenta e oito do segundo tempo, conseguimos entrar no último vagão. As broncas e desculpas acontecem lá dentro. O sacolejar rítmico da composição vai acalmando a turma, parando o tempo.*

*Nos acomodamos nos bancos de madeira. Para enfrentar as trinta horas de viagem tínhamos concebido uma estratégia típica de estudantes durango kids: uma das passagens era de primeira classe e dava direito à uma poltrona Pullman. Democraticamente nos revezaríamos nela: duas horas cada um.*

*De repente nossos sensores detectam: em nosso vagão, relativamente vazio, há uma menina no encanto de seus dezessete, dezoito anos, morena, risonha, curiosa, parece se divertir com as conversas de nosso grupo. Está acompanhada por uma senhora. Mais tarde viemos a saber que era sua tia. Há uma espécie de corrente elétrica no ar, a conexão é iminente, falta uma faisquinha… Quantas e quantas oportunidades se perdem nesse momento.*

*Não no nosso caso. Em matéria de faíscas o Valter era ótimo. Alguma patacoada provoca a ligação e logo ficamos conhecendo a menina e sua tia. Faziam uma viagem de férias e iriam descer em Ribeirão Preto, ou seja, tínhamos até o fim da tarde para conversar. Incrível como mudam os interesses quando se está aberto para a novidade, quando se explora o desconhecido. Toda a vida pela frente tinham aqueles jovens. Preocupações para carregar não havia, somente sonhos e sonhos na cabeça*

*As emoções podem mudar rapidamente. Vejam só, a menos de meia hora estávamos tensos com a partida, o horário, a viagem de cada um. Agora estávamos alegres, brincando, relaxados. Papo vem, papo vai. No fim estava mais agradável ficar ali no último vagão nos bancos de madeira do que na revezada poltrona da 1ª. Classe.*

*Durante aquela parte da viagem o João Carlos e o Zé Luís falavam mais, o Valter continuava com suas brincadeiras nem sempre bem sucedidas e eu mantinha meu estilo mais introspectivo, observador. Mas cupido estava por ali, e havia flechado um de nós…*

*Pois é amigos. Quem diria que estávamos vivendo o instante em que nascia o relacionamento entre João Carlos e a mulher de sua vida, que se transformaria em grande paixão, num casamento feliz, em dois lindos filhos, e que geraria muita contribuição e energia a todas as "redes" a que se tem ligado".*

## 1976: Ajuda do Anjo da Guarda no casamento.

Era a manhã do dia seguinte ao casamento de João Carlos.

Estava uma chuva muito forte. Entraram no Chevrolet Opala emprestado por seu pai e começaram a viagem, de lua-de-mel, rumo a Campos do Jordão.

Nem bem pegaram a Avenida Domingos de Moraes e sentiram que um pneu traseiro estava furado.

João Carlos estacionou o carro e desceu. A chuva estava intensa. Um carro parou logo atrás e um homem desceu e foi falando: *"Vamos ajudar! Vamos ajudar!"*. Ele pegou a chave de roda, o macaco, e trocou o pneu!!

João Carlos e esposa não acreditavam no que viam. O estranho ainda pediu que o seguíssemos, pois ele sabia onde havia um borracheiro. Assim fizeram, seguiram o carro dele, pararam no borracheiro e aguardaram o conserto do pneu.

E o Anjo da Guarda do asfalto ficou ali, aguardando com eles, até que, nos despedimos e, retomaram sua viagem!

## 1976: Morte do pai no dia 11

João Carlos se casou num dia 11 e, exatamente, um mês depois, num dia 11, seu pai falece de ataque cardíaco.

A partir desta "coincidência" do número 11 passamos a prestar atenção em outras "coincidências".

Gostaríamos que um matemático analisasse o relato abaixo e calculasse a probabilidade de tantas ocorrências do número 11 na vida da família de João Carlos. Será mera coincidência? Será que a probabilidade é a mesma de ocorrência com outros números?

Ele nasceu às 0h30minutos do dia 23. Cadê o 11? Era horário de verão, e, portanto o nascimento ocorreu, no horário original, às 11h30min do dia 22, que é múltiplo de 11!

Sua esposa nasceu no dia 22. Múltiplo de 11.

Se casaram no dia 11.

Seu pai faleceu no dia 11.

Seu primeiro numero de registro na empresa onde trabalhou 32 anos era 218, cuja soma dá 11.

Sua filha nasceu no mês 11.

A soma dos números da casa onde mora por cerca de 30 anos dá 11.

Ele se aposentou a partir do mês 11 do ano 2009, cuja soma dá 11.

Sua filha começou a namorar seu marido em 2011.

Seu filho comprou seu apartamento em 2011.

Muitos dos quartos que utilizou em hotéis e hospitais tinham números cuja soma dava 11.

Mesas em restaurantes, na maioria das vezes, tinham o número 11 ou múltiplo de 11.

Já viveu em três apartamentos, todos de número 44. Múltiplo de 11.

O apto mais recente é de numero 44 da torre 3, somando tudo dá 11.

Luna, sua Yorkshire, morreu no dia 19/07/2019, noves fora dá 11.

E você leitor ou leitora, tem alguma explicação matemática destas "coincidências"?

## 1976 a 1977: NEC Guarulhos

De 1976 a 1977 João Carlos trabalhou na NEC em Guarulhos, primeiro como engenheiro de projetos e depois como engenheiro de normas.

Lembro-me que, como engenheiro de projetos, ele tinha que otimizar circuitos de relés de centrais telefônicas comutadas, para buscar economizar um contato de relé. Parece pouco, mas numa linha de produção qualquer economia de matéria prima torna seu produto mais competitivo. Uma história curiosa é que seu chefe fazia este processo de minimização de circuitos apenas usando o raciocínio. João Carlos usava as técnicas de minimização de circuitos digitais por álgebra booleana aprendida no ITA e certa vez conseguiu economizar alguns contatos de relé que seu chefe não conseguia. O chefe do João Carlos, também formado no ITA muitos anos antes, lhe pediu para explicar como tinha conseguido, mas João Carlos disse que não sabia explicar do jeito que ele fazia, pois apenas utilizou as técnicas matemáticas. E então deu seu grito de guerra; -"João Carlos, minha fama se espalha!".

Quando mudou para a área de normas João Carlos fazia visitas frequentes à Telebrás em Brasília para evitar que normas alterassem nosso produto, o que o tornaria não competitivo devido aos custos adicionais de alteração.

De férias da NEC começou a procurar emprego e foi levar seu curriculum na HP em Alphaville. Quando chegou lá e viu aquele prédio todo de mármore, como se fosse uma pirâmide de cabeça para baixo, João Carlos deu meia volta e foi para casa colocar um terno, pois não dava para entrar lá de camiseta e bermuda.

Lembro-me que João Carlos passou nos processos de seleção da HP, da Tektronix, da Fairchild. A escolha foi por eliminação. Desistiu da Fairchild porque era longe, era em Campinas. Desistiu da Tektronix porque a filial estava começando no Brasil. Preferiu ser o rabo de um animal maior a ser a cabeça de um animal menor. Escolheu a HP, agradeceu a Deus, e deu seu grito de guerra: -"João Carlos, minha fama se espalha!".

## 1977: Uma menina

Um conto da esposa de João Carlos relembra o 'Presente de Deus' que receberam:

'Nossa vida era organizada e pacata.

Tínhamos horário para tudo, nossas coisas estavam sempre em seus lugares, tínhamos pleno domínio de tudo que nos rodeava.

Tínhamos também uma relativa vida social: cinema, teatro, visita a amigos, tudo planejado com antecedência.

Até que ela nasceu, uma menina forte e bonita.

Aí começou a confusão: mamadeiras de um lado, fraldas de outro, cotonetes, algodão e umbigo cainho, o que fazemos com ele?

A menina chorava a noite toda, não sabíamos mais o que fazer.

Diziam que era cólica. Buscopam, Luftal, Bentil, benzimento e simpatias, nada adiantavam.

Se ao menos de dia, não chorasse, teríamos nos conformado, mas não tinha jeito.

O telefone tocava muito para saber do bebê. Parentes, amigos e avós.

O pior foi quando começaram as visitas. Chegavam aos bandos. E sentados no sofá da sala devoravam bolachinhas, refrigerantes e pizzas.

Na hora de mamar era pior. Ia para o quarto com o bebê e o visitante, devagarzinho, acabava entrando também.

Aí começava o festival de besteiras.  "Ah a minha vizinha teve um bebê que caiu do berço, nunca falou... coitado".

"terçol cura com leite de mãe, da um pouco pra eu levar para a minha sobrinha...".

E assim foi, parece que todo mundo resolveu visitar-nos e sempre com a mesma conversa.

"Olhe, como é menininha, trouxe um vestidinho, se não gostar pode trocar".

E foram catorze vestidinhos a maioria cor-de-rosa. Família grande é fogo.

Lembramos bem do primeiro passeio, já com um mês de vida, pois antes não podia.

Levávamos o carrinho com um guarda-sol acoplado e uma sacola, contendo: mamadeira vazia, caso faltasse o leite, dez fraldas, caso o bebê fosse vitima de diarreia, leite em pó, Nestogeno, pois ouvimos dizer que é o melhor, shampoo, talco, chupeta e um brinquedinho. Caso ela quisesse brincar.

Tínhamos outro problema nos passeios com o bebê. Era um transtorno colocar aquele carrinho no pequeno porta-malas de nosso carro. João Carlos olhava sua esposa com raiva, pois fui ela que escolheu aquela geringonça. Acabamos comprando um carro maior.

Nunca mais sua esposa foi a uma cabeleireira, unhas descascando, cabelo comprido, pés sem trato o que ela podia fazer?

Sua esperança era o que a sua mãe sempre dizia:

"após os três meses acabam as cólicas, vamos esperar".

Três meses se passaram e, quando menos esperávamos, nosso bebê parou de chorar e passou a dormir a noite toda, absolutamente tranquila e sem dores. Ufa, que alívio, recuperamos a nossa paz.

Apesar da correria com fraldas e mamadeiras continuar, agora podíamos descansar um pouco e curtir aquele presente que Deus nos deu.'

## 1980: Um menino

Um conto da esposa de João Carlos relembra o 'Menino Moço' deles:

'Quarto arrumado, pijama dobrado.

Coleção de pedras, selos, fósforos, miniaturas de cães e muito lego.

Curioso, assistiu ao curso de batismo e venda do imóvel.

Compramo-lhe bola de capotão e skate, que envelheceram no fundo do armário, sem nunca terem sido usados.

Nosso menino queria ser veterinário, cuidava com muito carinho da nossa cadela, Tila. Quando a cachorra paria sua ninhada, ficava a seu lado, se necessário, a noite toda, até que o último filhote viesse ao mundo.

O menino e mãe eram grandes amigos.

Todos os dias, após o almoço, eles se deitavam na cama de casal e juntos assistiam ao SPTV. Surgindo uma receita interessante, corríam à cozinha para testá-la. Fizeram bolo de rolo, torta de queijo, bombocado de aipim...

Hoje, publicitário atuante, é um homem independente, capaz de tomar suas próprias decisões.

Não há mais pijama dobrado, cama feita, ou quarto arrumado, mas sim, um homem de caráter, que, para nós, será sempre aquele menininho... '.

## 1981: Coincidência no aeroporto

João Carlos estava, na fila de check-in da Varig no aeroporto de Miami, conversando com um senhor e com uma moça próximos a mim na fila. Surgiu o assunto de coincidências e a moça falou seu signo, João Carlos disse eu também!. Ela disse o mês de nascimento, ele disse eu também!!. Ela disse o dia de nascimento, ele disse eu também!!!. Ela disse o ano de nascimento, ele disse eu também!!!!.

Inacreditável! Abriram seus passaportes para mostrar aos incrédulos ao redor. Qual a probabilidade disso acontecer? Penso que a probabilidade de uma pessoa ter nascido no mesmo dia é de 1/31, de ter nascido no mesmo mês é de 1/12, de ter nascido no mesmo ano é de cerca de 1/100, portanto a probabilidade de ter nascido no mesmo dia, mês e ano é 1/31 x 1/12 x 1/100, o que resulta em 0,0024, ou seja, 24 vezes em um milhão!

## 1982: Jesus, sua fama se espalha

João Carlos viajou aos EUA para participar de duas semanas de treinamento no produto HP 64000, sistema de desenvolvimento de microprocessadores.

A fábrica ficava em Colorado Springs.

Chegando no aeroporto Stapleton, em Denver, João Carlos alugou na Hertz um veículo Corolla e foi dirigindo até Colorado Springs.

Uma viagem com muito stress pois nevava muito, se enxergava pouco, e estava com muito sono pois não conseguiu dormir no avião.

Chegando finalmente ao hotel, que ficava à beira da freeway, fez o check-in e instalou-se em um quarto confortável. Tomou um banho quente e foi dormir.

Nos três primeiros dias continuou nevando e João Carlos acordava, limpava a neve do para-brisa e dirigia com cuidado e atenção até a fábrica onde se realizaria o treinamento.

Finalmente, no quarto dia, João Carlos acordou e viu que o céu estava azul, limpo, e o sol já brilhava às 7 da manhã, e não tinha neve no solo nem no para-brisa.

Deu partida no carro e saindo do estacionamento do hotel entrou na freeway e.... o carro rodou e rodou e rodou até parar.

O coração quase saiu pela boca.

A "sorte" foi que quatro caminhões, ocupando as quatro pistas da freeway, pararam quando viram o carro de João Carlos rodando na pista.

Se não fosse isso então seria um desastre.

Ufa, são e salvo, João Carlos pôs o carro em movimento lentamente.

Ele desconhecia que nesta situação de frio sem neve, o que havia era gelo, uma fina camada de gelo no para-brisa e gelo na pista!

Desta vez o grito de guerra foi diferente:

-"Jesus, sua fama se espalha!".

E não se esqueceu de agradecer também ao seu anjo da guarda.

## 1985: Passando um apuro no shopping

João Carlos e família estavam voltando do sitio do pai da esposa quando, já chegando a São Paulo, sua esposa, filha e filho, decidiram ir ao Shopping Iguatemi onde ele iria comprar uma TV portátil numa grande magazine enquanto sua esposa e seus filhos ficariam passeando pelo shopping.

Chegando ao shopping ele foi direto para o magazine e escolheu a TV. Enquanto o vendedor foi até a área de faturamento ele ficou olhando a TV e ao ver que o manual de uso estava no fundo da caixa que estava no chão, ele se agachou para pegar o manual e eis que, de uma só vez, a sua calça se descosturou em toda a extensão e caiu. Rapidamente ele a puxou e ficou encostado, segurando-a.

Ficou então imaginando como ele iria contar o acontecido ao vendedor, quando ele voltasse. Se dissesse que tinha acontecido um desastre ele iria assustar o vendedor, pois ele poderia pensar que tinha deixado a TV cair. Se dissesse que tinha rasgado a calça ele iria morrer de rir. Decidiu contar a verdade e, para sua surpresa, ele ficou sério e foi muito profissional. Pediu que João Carlos o acompanhasse e foram caminhando pelos bastidores da loja até chegar à seção de vendas de roupas.

Ele falou para João Carlos entrar num provador e passar a calça para ele, que entregou para uma costureira.

Em instantes João Carlos já tinha a calça novamente, costurada! Vestiu e voltaram para concluir o negocio da TV.

## 1987: Tila

55

Era uma pastor-alemã capa-preta.

Criada desde filhote aprendeu a respeitar seus donos.

Muito dócil com os filhos de João Carlos, mas uma fera quando tinha que defender a família.

Uma certa ocasião, um balão caiu no fundo do quintal da casa de João Carlos.

Apesar do muro todo coberto com grades ponta-de-lança, a molecada queria pular o muro para pegar o balão.

A Tila ficou furiosa. Latia muito. Colocava as patas no muro e chamava a molecada pra briga. "Batia" no peito e "dizia", podem vir, eu dou conta!

Nenhum moleque se atreveu.

Tila deu à família de João Carlos muita alegria e muitos filhotes.

## 1991: Uma notícia difícil

Este é um causo marcante na vida do João Carlos.

As vendas nacionais estavam indo muito bem, crescendo na proporção de 5 vezes a taxa de crescimento do PIB nacional.

O problema começou quando o presidente Collor  tomou algumas medidas drásticas e as vendas começaram a cair.

Quando João Carlos retornou de ferias seu chefe pediu para ele olhar a taxa de decrescimento das vendas.

Olhou e se assustou, pois a queda era constante e se continuasse assim daqui a alguns meses chegaríamos a zero!

João Carlos não percebeu conscientemente o impacto que esta constatação teve em seu físico, mas a responsabilidade que tinha fez com que seu inconsciente colocasse seu corpo em sofrimento.

Passou a suar frio e sentia que seu coração queria sair do peito.

Sentia uma dor no peito e, como seu pai morreu de infarto com 49 anos de idade, o seu cérebro concluía que tinha chegado a sua hora.

Além da dor física, ele não estava preparado emocionalmente nem financeiramente para sair de cena deixando viúva e filhos desamparados, e isso só piorou a sua angustia e a sua ansiedade.

A ansiedade era tanta que ao escrever ele tremia e sentia como se a caneta não acompanhasse a velocidade da mente.

Caiu de cama.

Sua irmã medica então o levou a um cardiologista conhecido e ele lhe encheu de remédios, mas não adiantou.

Ela então o levou a outro cardiologista que trocou todos os remédios e não adiantou.

Ela queria leva-lo a um terceiro cardiologista quando João Carlos falou: —"pera aí, e se o problema não for no coração."

Então decidiu procurar um clinico geral recomendado por um amigo.

O clinico lhe fez inúmeras perguntas sobre os sintomas e sobre histórico de saúde.

Pediu inúmeros exames para ajudar no diagnostico.

Finalmente João Carlos levou os resultados dos exames, que o médico analisou com muito cuidado e atenção e então lhe disse, com voz solene e olhando seriamente para ele: – *Tenho uma noticia difícil para te dar"*.

João Carlos se preparou para receber a bomba e então ele disse: – *"Você não tem nada"*.

Surpreso João Carlos disse: – "Mas como, se continuo com os sintomas de dor no peito?".

O médico disse respire fundo e solte de uma vez.

Que alivio o João Carlos sentiu, a dor se foi na hora!!!

Ele então explicou que os resultados dos exames eram todos normais e que a causa da dor no peito era que, devido ao stress, ele enchia pouco o pulmão,  soltava o ar e logo enchia pouco de novo mantendo retesado o musculo peitoral.

Ele explicou que essa atitude era comum em executivos estressados, em políticos que empinam o peito e empostam a voz para discursar e em bailarinas que tem postura semelhante de retesar o musculo peitoral.

Ele explicou que recebe muitos pacientes desse tipo que o procuram por ser pneumologista além de ser clinico geral. Que sorte João Carlos teve de procurar um especialista!

O médico receitou um ansiolítico leve para ajudar passar essa fase difícil na empresa, e pediu para prestar atenção na respiração, passando a inspirar e expirar completamente e recomendou mudar o estilo de vida, largando a caneta no ar quando acabasse o expediente diário ao invés de ficar trabalhando até às 22h.

Que alivio! Que médico!

P.S.: Antes de sair João Carlos perguntou por que o doutor disse que a noticia era difícil. Ele disse que era muito difícil para um medico dizer que o paciente não tem nada, pois o corpo humano é muito complexo e ele poderia sair dali e em seguida ter um infarto ou AVC ou qualquer outra coisa… Como ele iria se explicar?

Ele entendeu e saiu duas vezes aliviado.

***

E você, leitor ou leitora? Já passou por uma situação difícil como essa? Provavelmente sim, não é?

1995: Wally

Um conto de minha esposa relembra nosso Yorkshire Wally:

Ai que soninho! Acho que vou dormir mais um pouco só, hum!!! Estou com uma preguiça!

Agora chega de dormir. Vou até a cozinha dar uma xeretada. Que cheiro bom! Parece bife...

-Au, au! Será que mamãe não vê que eu estou com fome?

-Au, au! Até que enfim meu bifinho chegou.

Agora outra sonequinha!  Afinal ninguém é de ferro, vou deitar aqui no sofá embaixo das almofadas, é tão quentinho!

Escutei um barulho no portão.

- É papai, ôba! Pulo feito um louco, quando a porta se abre, e dou-lhe uma lambidona na orelha, adoro isso.

Hora de passear, faço um xixi no poste, outro, na grama, mais um pequeno, na árvore.

Volto para casa, é muito chato, mamãe me lava as patinhas e o pipi dizendo:

- Menino bonito tem que ser limpinho.  Passo algumas horas deitado no sofá, quando papai me chama:

- Wally, vamos nanar.

Corro na sua frente salto na cama dele e de mamãe para dormir, É tão bom lá, tão quentinho! Ai que soninho...

## 1997: Sufoco no aeroporto

Quando ficou sabendo que teria que viajar mais uma vez aos EUA para receber treinamento na HP, João Carlos convidou seu filho de 17 anos para acompanhá-lo. A passagem do filho seria paga com milhas e a estadia do filho no hotel seria grátis.

No dia da viagem, tudo pronto, malas arrumadas, três horas antes do horário da decolagem chamaram um táxi para levá-los do bairro do Alto da Lapa ao aeroporto de Guarulhos.

O táxi chegou logo, mas levou meia hora para percorrer o primeiro um km devido a um acidente.

O resto do trecho até o aeroporto foi tranquilo e chegaram com boa antecedência. Fizeram o check-in, e despacharam as malas. Tranquilos e com bastante tempo, resolveram esperar no saguão principal, pois no portão de embarque o espaço era menor.

O tempo foi passando, passando e, meia-hora antes do embarque resolveram ir para o portão de embarque. Pegaram a fila de checagem da Polícia Federal. Tudo caminhava bem... até que o policial pediu ao João Carlos o documento de autorização de viagem do filho.

Surpreso, João Carlos argumentou que o filho já era bem grandinho, tinha altura maior que a dele. Não adiantou, o policial falou para sair da fila e providenciar a autorização.

Agora o tempo, que antes sobrava, era muito pouco.

Correram até o balcão da companhia aérea e reclamaram porque não os avisaram quando fizeram o check-in e tinham tempo de sobra.

Mais uma surpresa para João Carlos: a primeira providência dos atendentes da companhia aérea foi tirar as bagagens do avião para não atrasar a decolagem. O avião iria embora sem eles.

Resolvido o problema da Cia aérea João Carlos perguntou como resolveriam o deles.

Disseram que no aeroporto havia um posto do Juizado de Menores.

João Carlos e filho correram até lá e explicaram a situação. O oficial disse que precisava da autorização da mãe. Pediram para usar o telefone. O oficial disse que era de uso privado. Insistiram, afinal tinham pouquíssimo tempo. O oficial, relutando, deixou. João Carlos ligou para a esposa e pediu para ela envia a autorização para o aparelho de fax do Juizado. Ela saiu pela vizinhança procurando quem teria um aparelho de fax.

E o tempo passando.

O oficial do Juizado então falou que, além do fax, precisaria de duas testemunhas.

João Carlos deixou o filho sentado no Juizado, aguardando o fax da mãe, e correu até a companhia aérea.

Chegando lá implorou para que dois atendentes o acompanhassem até o Juizado.

Finalmente conseguiram a autorização. Ufa, que sufoco.

João Carlos então perguntou aos atendentes da Cia aérea se adiantava correr até o portão de embarque, eles disseram que sim, pois embora o voo original acabasse de sair, tinha outro que vinha da Argentina e fazia escala em São Paulo.

Correram, correram os quatro. Os dois atendentes da Cia aérea foram tratar de despachar as malas. João Carlos e o filho entraram no avião e sentaram nos únicos dois assentos restantes. A comissária de bordo vendo a agitação de João Carlos perguntou se podia fazer alguma coisa. Ele então pediu que, por favor, ela ligasse para sua esposa para dizer que deu tudo certo.

Dessa vez João Carlos não deu seu grito de guerra e agradeceu o esforço da esposa em sair pela vizinhança, tarde da noite, procurando quem tivesse um aparelho de fax.

***

E você, leitor ou leitora? Sentiu o stress da situação? Já viveu stress semelhante?

## 2006: Luna

Uma Yorkshire inteligentíssima.

Certa ocasião, João Carlos estava no escritório de sua casa quando alguém tocou a campainha e ele não ouviu. A Luna ouviu.

Foi correndo até o João Carlos e pulava nas pernas dele. Enquanto ele não foi ver o que era, ela não sossegou.

Em outra ocasião, João Carlos estava tomando banho quando ouviu a Luna querendo derrubar a porta do banheiro. Esta Yorkshire inteligente queria que ele saísse do banheiro por toda lei para acudir a esposa que estava engasgada. A Luna viu, entendeu a urgência e foi chamar João Carlos.

E tem gente que diz que animal é irracional. A Luna era animal mas muito racional.

Muito dócil ela alegrou a família e deixou quatro filhotes, sendo que um deles, a única fêmea dos quatro, a Lili, ficou com a família e os outros foram doados.

## 1977 a 2009: HP/Agilent Alphaville

Em 1977 João Carlos começou a trabalhar na HP do Brasil em Alphaville e lá ficou por 32 anos. Ele costuma dizer que neste período ele nunca saiu da HP, era ela que saia dele, pois ela mudou de nome varias vezes, passando por uma fusão com a Edisa e depois um spin-off que gerou a Agilent em 1999.

Nestes 32 anos sempre atuou na área de instrumentos e sistemas de teste e medição eletrônica, como engenheiro de vendas, gerente de vendas, diretor de vendas, diretor de operações, diretor presidente.

Foram muitas aventuras:

O caso da corrente que saía do dedo.
O espiritualmente do Claus.
Os CEPs do Evaristo.
O caso do dólar azul.
O primeiro prêmio do President's Club.
O caso dos gerentes delegados.
O quase fim da subsidiaria e o segundo prêmio do President's Club.

Mas estas "pérolas", e vários outros causos profissionais, merecem um livro dedicado...

## 2009 a 2020: Aposentadoria e Saúde Física, Mental, Espiritual, Financeira

Em 1 de novembro de 2009 João Carlos já não trabalhava mais na HP/Agilent depois de 32 anos. Agora era cuidar de conseguir a aposentadoria do INSS, usufruir da Pensão da HPPrev, e dos rendimentos de suas aplicações.

Aposentado é alguém que trabalha mas não recebe salário e não deve ficar parado esperando a morte.

Então João Carlos colocou seu plano em ação:

Caminhada 3 minutos a 6km/hora todos os dias que tiver sol.

Natação em piscina coberta, 30 minutos uma vez por semana.

Check-up anual com endocrinologista, gastro, dermatologista, urologistas, cardiologista, oftalmologista.

Voluntariado como coaching.

Acompanhamento semanal da sua carteira de aplicações superconservadoras: O lema de João Carlos é ganhar sempre, mesmo que seja pouco e não  perder nunca.

Meditação Cristã em grupo 1 hora por semana e participar da Eucaristia aos fins de semana.

Estudo de Teologia, Genealogia, Aberturas de Xadrez.

Leitura de clássicos. Escrita e leitura de poesias.

Publicação de artigos no blog Prazer Compartilhar.

Publicação de livros pelo Agbook.

E, a convite de seu amigo Carlos, passou a compartilhar semanalmente um papo com café.

## 2017 a 2020: Os Papos com Café

O amigo Carlos relembra:- 'Tudo começou com uma tentativa de reunião de quatro velhos colegas de ginásio para um café…O Higasi e o Raphael não apareceram, tinham lá suas razões. Resolvemos continuar nós dois – Carlos e Decio – e abrir um espaço para um café semanal: sextas-feiras das 14:00 às 16:00. De um lado o início de redução do uso do tempo pela empresa, do outro uma forma de sair um pouco do recolhimento residencial a que se acostumou após a aposentadoria.
Ficou estabelecido como local inicial o café do Pão de Açúcar da Cerro Corá – um ponto não demasiado fora do caminho de volta para casa para um e estrategicamente perto de casa para o outro.
Temas, quais os temas? Decio propôs um tal de "Projeto Despedida". Carlos não gostou: despedida? *Péra aí* acho que ainda temos algum tempinho nesse planeta. A festa tá boa, você já está querendo se despedir?
Um café aqui outro ali, cérebros matutando, ampliamos o foco.
Isso mesmo: nosso grupo de jovens sexagenários carrega um manancial de conhecimento e experiência que em geral vai se perdendo, não é convenientemente registrado e preservado para que possa ser útil às novas gerações.
Continuaram as reflexões sobre Comunicação. Decio lembrou a frase de Alejandro Jodorowsky sobre porque é tão difícil a comunicação interpessoal:
*"Entre o que eu penso, o que quero dizer, o que digo e o que você ouve, o que você quer ouvir e o que você acha que entendeu, há um abismo."*

De repente, a partir daquele primeiro café, nossa dupla evoluiu para um grupo: os "Conselheiros" do Prazer Compartilhar. Além de nós dois – Decio e Carlos – mais quatro companheiros começaram a participar das reuniões mensais: Custódio, Carlos Asborno, Marcello Pilar e Sérgio Coelho. Todos jovens 60+. Naturalmente sempre apoiados por um bom cafezinho, quer seja no Café da Praia, na Biblioteca Villa Lobos ou no Pão de Açúcar da Cerro Corá.

# As memórias do João Carlos

Daí pintaram diversos temas. Em cada reunião – de duas horas de duração – um de nós passou a apresentar o assunto para discussão e reflexão. Já passaram pela mesa:
Cronologia (Decio);
Epidemias Sociais (Carlos);
Antropologia (Decio);
Mentoria (Marcello);
Motivação (Asborno);
Humildade (Custódio);
Pensando Rápido e Devagar – Daniel Kahneman (Marcello);
Fotografia (Asborno);
Viagens – Dubai, Emirados Árabes (Sérgio);
Goa e a Influência Portuguesa na Índia (Custódio);
A Corrida do Ouro em Minas Gerais (Carlos);
Política Industrial para Exportação – "Desintegra" (Marcello).
A rigor cada uma dessas apresentações e reflexões mereceria aqui um pequeno texto resumo. Ocorre que outro tema discutido foi o da Transmissão de Informação e Transmissão de Conhecimento, de onde surgiu, por sugestão do Asborno, a ideia de um blog. Num átimo, Decio, nosso criador informático, materializou o dito cujo. E assim veio luz o blog Prazer Compartilhar, onde registro essas Notas de Café, uma espécie de memória dos caminhos seguidos por nosso grupo. É aqui também o lugar certo para que textos sobre os temas discutidos sejam colocados, o que aliás já vem acontecendo.
Em paralelo, nossa dupla original iniciou uma fase de estudos conjuntos. O primeiro tema escolhido foi Biologia, que depois se ramificou para Noções sobre Genética. Explica-se: somos da época do Curso Científico, que se desdobrava em Científico de Medicina e, no nosso caso, de Engenharia que, simplesmente, não tinha uma aula sequer sobre Biologia. Antes tarde do que nunca resolvemos iluminar um pouco nossa bio-ignorância. Entre os livros lidos destacaram-se, além dos didáticos básicos de 2º grau, os seguintes:
– O Gene de Siddhartha Mukherjee, vencedor do prêmio Pulitzer de não ficção de 2011;
– Creation – The Origin of Life de Adam Rutherford, e
– Os Segredos de Nossas Células de Sondra Barrett

Depois do estudo de genética básica, a dupla continua explorando o universo. Entre outros, destacam-se:

– o estudo do livro de Jason Fung: O Código da Obesidade, que aborda a dita cuja e a importante questão da resistência à Insulina, e

– "O Jeito Harvard de Ser Feliz" de Shawn Achor sobre as vantagens de adotar um enfoque positivo da vida (recomenda-se assistir sua palestra TED a respeito).

Mais recentemente tivemos a incorporação de mais um experiente "conselheiro" ao nosso grupo: José Henrique Eisenmann, também um assíduo colaborador do blog. Passamos também a realizar nossos encontros de café na área da USP. Mais especificamente no Sweden, café e restaurante junto à Faculdade de Economia e Administração (FEA). A partir daí realizamos incursões peripatéticas pela região. Visitas sempre interessantes, nosso grupo já esteve nos seguintes locais:

– Biblioteca Brasiliana, que reúne o grande acervo colecionado por José Mindlin;

– Instituto Moreira Sales (IMS), no novo e criativo prédio da avenida Paulista, com destaque para exposição fotográfica e filme "the Clock";

– Centro Tecnológico de Hidráulica (CTH), mantido pelo DAEE (Departamento de Águas e Energia Elétrica) e integrado às instalações da Escola Politécnica, onde tivemos uma bela recepção e uma verdadeira aula do Prof. Podalyro;

– Biblioteca Delfim Neto, dentro das instalações da FEA, com o diversificado acervo reunido pelo célebre professor e economista.

A evolução dos caminhos de curiosidade intelectual nos conduziu, a partir do segundo semestre de 2018, a mais um verdadeiro presente: reuniões, que melhor seriam classificadas de aulas, com o professor Heron do Carmo da FEA. Mensalmente temos aprendido e discutido sobre o trabalho clássico de Keynes, além de reflexões sobre a realidade econômica do Brasil atual e perspectivas para o próximo governo."

Este grupo de sete seniores, Marcello, Custodio, Luigi, Sergio, Asborno, Decio, Carlos, na faixa dos 60+ aos 80+ anos, a quem chamo de peripatéticos da cidade universitária, tem muito a agradecer ao prof. Heron por nos proporcionar o privilégio de nos promover novamente a "alunos" de Economia.'

***

E você, leitor ou leitora? Tem seus papos semanais com algum amigo ou amiga?

## 2018: Qual a probabilidade disso acontecer?

João Carlos fez uma assinatura de linha telefônica fixa para sua residência e a companhia designou um numero que, para sua surpresa, tinha 7 dos 8 dígitos exatamente iguais aos da data de seu nascimento. Alguns até na mesma posição!

Considerando os dígitos da data de seu nascimento como

AB-CD-EFGH

Os dígitos do numero do telefone fixo residencial designado foram

ABXD-FHEG

Só o C que não tinha!

Qual a probabilidade disso acontecer? Penso que a probabilidade do primeiro numero do telefone ser o mesmo do primeiro numero da data é 1/10, a do segundo ser o mesmo é 1/10 , a do terceiro ser o mesmo é 1/10, e a dos últimos 4 números serem os mesmos em qualquer ordem é de 24 arranjos possíveis em 10.000. A probabilidade de que estas coisas aconteçam juntas é de 1/10 x 1/10 x 1/10 x 24/10.000, o que resulta em 0,00024 ou seja 2,4 vezes em 1 milhão !!!

## 2020: Entrevista

Quais são seus maiores valores pessoais? Paz, saúde, alegria, segurança, amor, felicidade, honestidade, caráter.

Quais são seus valores no trabalho? Criatividade, crescimento profissional, qualidade, desenvolvimento, confiança, reconhecimento, segurança, carreira.

Quais são seus interesses? Xadrez, Filatelia, Genealogia, Meditação Cristã, Teologia, Língua Italiana, Poética.

Qual é a sua formação acadêmica? Graduado em Engenharia de Eletrônica pelo ITA.

Qual é sua carreira profissional? 32 anos de atuação em Vendas de instrumentos e sistemas de teste e medição na Hewlett Packard/Agilent Technologies do Brasil. Engenheiro de vendas de 1977 a 1985, gerente de vendas de 1985 a 1992, diretor de operações de 1992 a 2009, diretor-presidente da Agilent Brasil de 2001 a 2008.

Quais são suas características pessoais e profissionais? Tomada de decisão, assertividade, solução analítica de problemas, estabelecimento de metas, comprometimento, organização e planejamento, criatividade, montagem de time, liderança.

Quais são suas conquistas pessoais? Minha família.

Quais são suas principais conquistas profissionais? Membro do primeiro President's Club da HP. Membro de um President's Club da Agilent. Acima de 100% da quota de vendas em 23 anos dos 32 anos em que atuei na área. Criação da estratégia de cobertura de vendas com a parceria de elementos de presença e conhecimento.

Qual é sua maior paixão? Eu não tenho uma maior paixão. Gosto de muitas coisas, mas não tenho uma que se destaque.

Qual é o seu maior sonho? Continuar vivendo a vida com saúde física, mental, espiritual, financeira.

Qual é o sentido da sua vida? O sentido da minha vida é: Para frente!

Qual é sua definição de ser humano? É uma resistência à passagem da corrente divina que flui desde a fonte divina através do caminho divino.

O que é ser feliz? É viver o momento feliz do presente e não sofrer com o futuro ou com o passado.


Qual é o seu livro ou filme preferido e o que nele mais chamou a sua atenção? Meu livro favorito é O Homem que Calculava, de Malba Tahan. O que mais me chamou a atenção neste livro é a astúcia honesta.

Qual é sua opinião sobre o Brasil? Gigante pela própria natureza que avança mesmo com o freio puxado por antipatriotas.

Qual é sua opinião sobre a cidade de São Paulo? O primeiro mundo incrustrado no Brasil. A locomotiva do país. Non ducor, duco!

Qual é sua opinião sobre a importância da Arte? O ser humano deve procurar desenvolver todo seu potencial, seja o das ciências exatas (cérebro esquerdo) quando o das ciências humanas (cérebro direito). Minha maior frustração é não ter talentos em música, em desenho, em pintura.

Qual é sua opinião sobre a importância dos relacionamentos? Concordo com Dom Paulo Evaristo Arns que disse que o ser humano é um nó de relações. As redes sociais estão aí para provar que os relacionamentos tem um poder extraordinário. Amizade não tem preço e quando você precisa de um amigo não é a hora de tentar começar uma amizade.

Quais os principais recursos que estão em seu cinto de utilidades? Gosto de utilizar tabelas, isto é, linhas e colunas que me ajudam a visualizar o todo. Gosto de assumir o comando da minha agenda usando blocos de tempo ao invés de me deixar sucumbir com a lista de tarefas. Gosto de por para funcionar mesmo que ainda incompleto, pois a roda quadrada fica redonda depois que é posta para rodar. Concordo totalmente que a formula do sucesso é habilidade E motivação. Aprendi que você avança cada vez que consegue um compromisso de prosseguir, perguntando: Qual é o próximo passo?.

O que está deixando nesta vida?

Artigos publicados no blog Prazer Compartilhar sobre gestão, teologia, genealogia, poesia, filatelia:

Artigos publicados nas Revistas da Asbrap:

Livros publicados no Agbook em formato impresso e pdf e livros publicados na Bibliomundi em formato ePub.

Quais seus projetos em andamento? Dois projetos em parceria com meu amigo Carlos Fernando. Um projeto é a escrita de um livro sobre o Ano Zero do calendário atual. Outro projeto é compartilhar reflexões sobre a leitura de livros clássicos.

## Post scriptum

Caro leitor ou leitora, o seu ego tem nome?

O meu tem, é João Carlos!

Seria este livro uma autobiografia ou a biografia do meu ego?

O Zé, amigo do grupo de meditação cristã, explica: *"Em termos puramente lógicos, se o Eu (0 observador) escrever as memórias do João Carlos (seu ego) diria que o Eu estaria narrando a biografia do seu ego, entretanto como o Eu e o ego, ambos são inerentes ao ser humano, fazem parte do todo como o corpo, alma e espírito, diria que este ser humano estaria escrevendo uma autobiografia".*

**Sobre o autor:**

Décio Martins de Medeiros

Graduado em engenharia de eletrônica pelo ITA em 1975.

Trabalhou na HP/Agilent de 1977 a 2009 na área de instrumentos e sistemas de teste e medição eletrônica, como engenheiro de vendas, gerente, diretor e presidente.

Autor de artigos nas Revistas da ASBRAP e no blog prazercompartilharblog.wordpress.com
Autor de livros impressos e pdf no Agbook.
Autor de livros ePub na Bibliomundi.

# As memórias do João Carlos